20 Mai 1893.

V

COLLECTION

DE

M. EUGÈNE LAURIER

OBJETS D'ART ANCIENS

DE

L'EXTRÊME-ORIENT

OBJETS D'AMEUBLEMENT EUROPÉENS

XVIIIe SIÈCLE

Me G. BOULLAND	M. A. BLOCHE
COMMISSAIRE-PRISEUR	EXPERT PRÈS LA COUR D'APPEL
26, rue des Petits-Champs, 26	25, rue de Châteaudun, 25

CATALOGUE

DES

OBJETS D'ART

DE

L'EXTRÊME-ORIENT

LAQUES FINES DU JAPON

Belles Sculptures sur Ivoire et sur Bois

Groupes, Figurines, Netzukés, œuvres d'artistes et signées
Gardes de sabre, pièces précieuses d'orfèvrerie
Porcelaines montées et non montées
Deux Pagodes en émail cloisonné de Chine

BRONZES ET MEUBLES EUROPÉENS

STYLE XVIIIe SIÈCLE

De Dasson, Raulin, Sormani, Sévenier

Faïences, Porcelaines, Tableaux, Aquarelles, Gravures, Dessins

Formant la Collection de M. Eugène Laurier

ET DONT LA VENTE AURA LIEU

HOTEL DROUOT, SALLE N° 1

Les Mardi 30 et Mercredi 31 Mai 1893, à 2 heures 1/4

Par le ministère de Me **GEORGES BOULLAND**, commissaire-priseur
26, rue des Petits-Champs, 26

Assisté de M. A. **BLOCHE**, expert près la Cour d'Appel
25, rue de Châteaudun, 25

Chez lesquels on trouve le présent catalogue

EXPOSITION PUBLIQUE

Le Lundi 29 Mai 1893, de 2 heures à 6 heures

NOTA. — Grâce au précieux concours de M. Kawamoura, sous-conservateur du Musée Guimet, nous pouvons donner la traduction des signatures des objets d'art : laques, sculptures et autres du Japon.

CONDITIONS DE LA VENTE

Elle sera faite au comptant.

Les Acquéreurs payeront *cinq pour cent* en sus des enchères, applicables aux frais de vente.

L'Exposition mettant le public à même de se rendre compte de l'état des objets, il ne sera admis aucune réclamation une fois l'adjudication prononcée.

Paris. — Imp. de l'Art, E. Ménard et Cie, 41, rue de la Victoire.

DÉSIGNATION DES OBJETS

OBJETS D'ART DE L'EXTRÊME-ORIENT

LAQUES DU JAPON

BOITES, ÉCRITOIRES, PEIGNES

1 — Service de fumeur. Sur un fond noir à raies horizontales se trouvent seize médaillons de formes diverses, de paysages, fleurs, attributs, etc. En haut, des grilles de fils d'argent encadrés de cuivre doré et gravé, de quatre glands et poignée rubans d'argent. Encoignures gravées argent. Les couvercles des deux vases en argent repoussé, repercé et gravé, décor à pivoines et papillons. XVIIIe siècle. Pièce fine.

2 — Boîte à six pans, fond aventuriné, décor à deux Fong-Haong, fleurs de mauve indiquant l'origine impériale en or, argent et rouge. Intérieur laque rouge uni. Très belle qualité. XVIIIe siècle.

3 — Boîte haute rectangulaire, à coins rentrants en laque d'or. Décor : singes se réfugiant sur un rocher environné par les eaux. Intérieur à groupe de singes et crabes. Très belle pièce ancienne.

4 — Boîte à deux compartiments, forme quadrilatérale, laque noire et brindilles d'or, décor à pivoines, lis tigrés, chrysanthèmes et à rehauts d'or et rouge. XVIIIe siècle.

5 — Boîte oblongue, fond aventuriné or, décor à feuillages, fleurs de camélias et pruniers en or de diverses couleurs et argent, ayant appartenu au prince Ima-O (Také-Nokoshi), dont elle porte les armoiries sur les appliques. XVIIIe siècle.

6 — Boîte carrée, coins arrondis à angles ren-

trants, fond aventuriné or, décor coquillage et aux armes de Daïmo Nakagawa, prince d'Oka, laque or deux tons relevés d'argent. Très belle qualité. XVIIIe siècle.

7 — Boîte haute, forme nœud, laque noire, dessus riche dessin or imbriqué. Côtés décor : plantes fleuries en laque d'or.

8 — Boîte oblongue en laque ancienne noire et or, représentant un koto (instrument de musique).

9 — Coquille bivalve formant boîte, décor naturel, laque or. A l'intérieur du couvercle on voit une pagode dans la mer entourée de nuage en laque d'or. Pièce très fine.

10 — Boîte en laque d'or représentant deux boîtes accouplées. Décor : Fô, fleurs et tronc d'arbre.

11 — Boîte forme éventail, laque or ; le dessus représente un paysage montagneux avec chaumière, pagode et arbres ; sur le devant,

un cours d'eau; sur les côtés on voit des corps de glycines et d'oiseaux; légères incrustations de burgau. Pièce très fine.

12 — Boîte forme lenticulaire en laque d'or ancienne, décor d'un koto (instrument de musique), sous des branchages.

13 — Boîte lenticulaire ou amulette de chef guerrier, aventurinée d'or, ornée de deux inscriptions à l'intérieur, Bouddha et vase en bois sculpté rehaussé d'or. Travail ancien très fin.

14 — Boîte forme lenticulaire en laque d'or ancienne, décorée de chrysanthèmes sur les deux faces, garnie intérieurement de deux divinités en bois finement sculpté et rehaussé d'or.

15 — Petite boîte à parfums en ancienne laque d'or, forme à contours. Le couvercle représente un dragon accroupi; décoré sur les bords de pivoines. A l'intérieur se trouve

une petite table sur trois pieds en bois finement sculpté à jour.

16 — Boîte carrée à angles arrondis et rentrants en laque d'or et fine avec incrustations d'ivoire et de nacre, représentant Daïkokou, dieu du Bonheur, debout sur trois sacs de riz et entouré des autres attributs de la Richesse, tels que les maillets, le sac, les rats, etc.

17 à 19 — Plateau, forme irrégulière découpée, laque noire saupoudrée d'or et vagues, portant deux canards mandarins laqués d'or et formant boîtes.

20 — Plateau long, bois naturel, décor laqué avec applications en ivoire et burgau, représentant la déesse Ben-Tin, debout sur un Faon-Haong s'envolant et planant au-dessus d'un paysage. Pièce très fine de Maruti.

21 — Deux petits vases, forme balustres carrés en bois naturel, décor laque d'or avec appli-

cations ivoire, nacre, écaille et corail. Deux faces de chaque vase représentent deux bonzes dans les divers exercices du culte bouddhique. Les deux autres, des Ibis au milieu de plantes fleuries et de papillons. Pièces très fines de Maruti.

22 — Coupe circulaire, laque or avec applications d'ivoire, nacre, etc. Décor : femmes et enfants jouant dans un jardin ; à l'intérieur, corbeilles avec branches et oiseaux. Monture, bande en schibuitshi décoré en relief de fleurs, oiseaux et feuillage en or, argent, supportée par trois grenouilles en schibuitshi portant des fleurs de lotus. Travail de Maruti.

23 — Petite boite plate en laque ancienne, simulant un paquet enveloppé de papier, fond or, feuillages de vigne vierge en ors de différents tons et argent oxydé.

24 — Boite, forme haricot, en laque noire ancienne, décor or, paysage avec maisons,

arbres et lac. A l'intérieur du couvercle, une branche de sapin, parties pointillées d'or.

25 — Boîte, forme œuf, à couvercle aplati en laque noire ancienne, décor à trois chrysanthèmes d'or.

26 — Boîte rectangulaire, fond damier, or uni et rosaces or, sur fond noir. Le couvercle, orné de deux médaillons (éventail et haricots) à décor oiseaux, pivoines et lierres. A l'intérieur, branches de pâquerettes, or sur fond aventuriné d'or. Plateau, laque noire saupoudrée d'or, décor à branches de pâquerettes avec oiseau.

27 — Boîte mi-ovoïde en laque ancienne aventurinée d'or, décor à rinceaux de feuillages or et argent ; sur le couvercle sont représentées deux armoiries. Intérieur aventuriné d'or avec plateau.

28 — Petite boîte forme éventail, sur le couvercle sont représentés deux personnages

dans un intérieur, fond noir à laque d'or. Au-dessus, arbre et nuage, côtés laque or uni.

29 — Petite boite plate aux coins arrondis, laque d'or à décor de pivoines.

30 — Petite boîte, forme bourse, en laque d'or ancienne. Décor glands, fleurs, etc.

31 — Petite boîte en laque d'or ancienne représentant et suivant la forme d'un papillon.

32 — Petit cabinet en laque noire, décor à rinceaux de feuillages d'or; sur les portes, branchages fleuris d'or avec encadrement or.

33 — Brûle-parfums octogonal, fond aventuriné d'or, décor aux armes des princes de Naïto et sauterelles d'or. Couvercle en métal ajouré laque ancienne.

34 — Boîte longue plate, en ivoire, renfermant trois boîtes carrées. Décor en laques noire

et or, char fleuri, personnages et branches de fleurs. Travail ancien.

35 — Plateau, mi-parti fonds aventuriné noir et burgau jaune, décor à branches de corail et de mauve. Au revers, à travers une laque transparente brune, des bambous avec vol de cigognes en noir.

36 — Cabinet à quatre tiroirs en laque noire, décor en or, d'oiseaux et pivoines ; les coins et garnitures sont en cuivre gravé et doré.

37 — Deux petites boîtes de même décor et de même dessin que le numéro précédent.

38 — Belle écritoire en laque fond noir saupoudré d'argent, décoré sur le couvercle de rochers et envolée de cigognes en laque d'or, à l'intérieur, un paysage sur fond aventuriné et, sur les plateaux, décor dans le même goût. Travail ancien.

39 — Écritoire en laque ancienne aventurinée, décor à armoiries des grandes familles ja-

ponaises en laque d'or. A l'intérieur, un grand sapin au pied duquel se trouvent une cigogne et une tortue sacrée. Plateaux : décor branches de bambous.

40 — Écritoire en laque ancienne aventurinée, décor grand sapin avec fruits en or et argent aux armoiries des Taïcoun. A l'intérieur, deux grandes cigognes.

41 — Écritoire en laque ancienne aventurinée, décor : deux chiens de Fô en laque d'or. A l'intérieur, branche de pivoines.

42-47 — Six peignes laqués d'or (un garni de trois boules en corail).

48 — Faux sabre de médecin en laque noire ciselée.

INROS

BOITES A MÉDECINE

49 — Inro en ivoire sculpté, représentant un tigre et un dragon combattant. Signé : Joshi-Katson. Pièce rare.

50 — Bel inro à quatre compartiments en laque d'or. Sur une face est représentée une divinité à cheval traversant un pont; sur l'autre face se trouve un personnage accroupi tendant une bourse. Les figures sont en ivoire sculpté. Signé : Sho-Ka-Saï. Pièce remarquable. XVIIIe siècle.

51 — Inro à quatre compartiments en laque, imitation shibuitshi avec bas-relief représentant en applications d'or et d'argent et shakoudo bronze rouge un épisode de la vie de Ben-Keï. Signé : Mitson-Sada.

52 — Inro à quatre compartiments en laque fond or. Décor : légende bouddhique, scène de guerre. XVIIIe siècle. Signé : Kadji-Kawa.

53 — Inro fond or à quatre compartiments, décor de chevaux or et argent. XVIIIe siècle. Signé de Kadji-Kawa.

54 — Inro à quatre compartiments à fond pointillé d'or offrant en bas-relief Darmua, en

ivoire, vêtu en laque d'or. Au revers, branche en argent. Travail ancien. Signé : To-Kei, d'après Ko-Saï.

55 — Inro à quatre compartiments fond or, offrant d'un côté un Hotaï en voiture avec enfant, et de l'autre, deux enfants jouant avec un épouvantail. Signé : Sho-Rin-Saï. XVIIIe siècle.

56 — Inro à quatre compartiments fond or, décor représentant un général confiant à son frère un secret avant de partir pour une expédition. XVIIIe siècle. Signé : Ka-Kô-Saï.

57 — Inro à quatre compartiments en laque d'or. D'un côté, un buveur de saké jouant de la flûte ; de l'autre, un autre buveur dansant. Signé : Ka-Ko-Saï. XVIIIe siècle.

58 — Inro à quatre compartiments en laque ancienne fond aventuriné d'or. Une face à décor de fleurs de cerisier et chrysanthème et l'autre à bambous. Signé : Djo-Ka-Saï.

59 — Inro à quatre compartiments fond or, décor à dragon et tigre. Signé : Ka-Ko-Saï-Sho-Zan. Laque ancienne.

60 — Inro à quatre compartiments fond aventuriné or, décor or, montagnes, fleurs et torrents. XVIIIe siècle. Signé de Kadji-Kawa.

61 — Inro à quatre compartiments fond or, décor au faucon en argent; au revers, branches de prunier fleuries et oiseaux. Signé : Matson-You-Saï. Laque ancienne.

62 — Inro à quatre compartiments en bois naturel de violette, orné de cinq médaillons variés en laque d'or. Signé : Djo-Ka-Saï.

63 — Inro en cuivre rouge, décor sur chaque face d'un guerrier dans une attitude de combat. Les trois compartiments sont en bois de fer. Pièce ancienne.

64 — Joli petit inro en bronze finement niellé en argent et autres métaux, accompagné de son netzuké forme gourde en bronze et de

son coulant forme bourse en or. L'intérieur formant boîte avec couvercle. Travail ancien.

65 — Petit inro ayant la forme d'un flacon en schibuitshi, gourde plate, appliques or et cuivre rouge, offrant sur une face un enfant tombant dans un grand vase d'eau et un second brisant le vase pour le sauver, et sur l'autre face deux enfants jouant. Accompagné de son netzuké forme masque en argent et de son coulant en filigrane d'argent. Travail ancien.

66 — Petit inro en bronze jaune formant flacon, décoré d'appliques en or et argent aux armes impériales et accompagné de son netzuké masque en cuivre et de son coulant en filigrane d'argent. Travail ancien.

67 — Inro en shibuitshi ayant la forme d'une petite boite carrée aux coins arrondis et aux armes impériales en or et en argent. Travail ancien.

68 — Boîte à parfums à trois compartiments en laque ancienne, fond aventuriné or. Dé-

cor en laque or : sapins et aux armes impériales.

69 — Boîte à parfums ronde en laque noire ancienne, décor or avec armoirie et branches fleuries à quatre compartiments et couvercles.

BOIS SCULPTÉS

GROUPES, STATUETTES, FIGURINES

NETZUKÉS

70 — Grand tableau en bois sculpté représentant, dans un paysage au bord de la mer, deux personnages richement vêtus en laque d'or et ivoire, l'un s'apprêtant à combattre un dragon en ivoire émergeant des flots, et l'autre manifestant sa frayeur. Riche cadre en racines.

71 — Grand et beau groupe en bois sculpté et laqué polychrome, avec incrustation de nacre

et de burgau, représentant Bashimon, dieu de l'Ouest, terrassant deux démons. Ancien.

72 — Belle statuette de guerrier debout armé d'une lance; costume parties laquées. Travail très fin et ancien.

73 — Vase en bois sculpté avec deux personnages : Buveurs de saké. La panse est décorée de fleurs et feuillages ; le couvercle de nuages. Une écuelle sert de bouton.

74 — Statuette de femme debout, avec vêtements richement sculptés.

75 — Statuette de paysan accroupi portant une houe. A ses côtés, une marmite et un paquet. Signé : Massa-Yoski.

76-77 — Figurine de femme debout aux vêtements laqués et dorés très fins. Travail ancien. — Figurine d'enfant portant une cage et oiseau, vêtements décorés de laque d'or. Formant groupe avec le numéro précédent.

78 — Groupe : Buveur de saké attaqué par des

grenouilles. Pièce des plus fines. Signée : J-itsou, une des signatures du célèbre Hokou-Saï.

79 — Cloche en bois sculpté incrusté d'ivoire. Au sommet, se dresse un dragon. A l'intérieur, trois masques tournants qu'on aperçoit à travers une échancrure. Pièce très curieuse et ancienne. Signée : Hô-You-Saï.

80 — Boîte à tabac en bois sculpté forme ovale, décor : dragon dans la mer et nuages. Signé : Massa-Nao. Travail ancien.

81 — Sceptre de prêtre, forme de dragon tenant une amande dans laquelle se trouve une divinité. Travail ancien.

82 — Netzuké ; personnage assis répandant des cendres sur les arbres morts. Travail ancien. Signé : Riou-Keï.

83 — Netzuké ; personnage accroupi à figure grotesque portant un chasse-mouches. Travail ancien. Signé de Riou-Keï.

84 — Netzuké ; personnage accroupi portant sur le dos un sac, laissant voir deux masques de démons. Travail ancien. Signé : Riou-Min.

85 — Tronc d'arbre supportant debout un minuscule personnage en ivoire sculpté. Travail ancien.

86 — Femme accroupie avec figure en ivoire.

87 — Groupe : singe et son petit. Signé : Riô-Min.

88 — Petit groupe composé de deux singes. Signé : Tomo-Itchi.

89 — Tortue sur un rocher. A l'intérieur, dans une boîte carrée, un petit cabinet minuscule à neuf tiroirs. Pièce très curieuse. Signée : Kou-Kio-Kou-Saï.

90 — Fruit s'ouvrant et contenant à l'intérieur deux personnages jouant aux dames. Signé : Hokou-Shou. Travail ancien.

91 — Personnage accroupi riant avec couteau

(ivoire) à la main droite. Signé : Riou-Guio-Kou.

92 — Personnage assis se chauffant les mains, en écaille fondue. Travail ancien.

93 — Figurine d'enfant accroupi jouant du tambour, laquée rouge et ancienne.

94 — Petit chien de Fô finement sculpté et ancien.

95 — Netzuké : Dju-Rô-Dju accroupi, la tête rejetée en arrière et criant. Signé : Gi-Ojin-Nao-Aki.

96 — Netzuké ; dragon s'enroulant autour d'une boule. Signé : To-Kô.

97 — Petit netzuké composé d'un assemblage de onze masques. Signé : Massa-Kata.

98 — Masque miniature avec dragon finement sculpté et ancien.

99 — Petit masque et rat (laqué) ancien. Signé : Guan-Kô.

100 — Petit masque en laque rouge ancienne.

100 *bis* — Paire de flambeaux formés de statuettes de personnages légendaires, décor partie laqué. Travail ancien du Japon.

IVOIRES

101 — Très beau groupe représentant la divinité Kuan-on ayant à sa gauche une femme lui présentant une petite pagode, et à sa droite, sur un tronc d'arbre ajouré, un petit vase en bronze doré. Signé : Shin-yo-saï, Nobou-Youki.

102 — Grand groupe important composé de six personnages et quatre grenouilles entourés de plantes grimpantes, représentant la récolte des courges. Signé : Fou-Kan.

103 — Joli groupe représentant la déesse Ben-Ten, accompagnée d'une petite servante portant un grand écran, se retournant pour regarder une marchande qui lui offre des coquilles. Signé : Nobou-Youki.

104 — Beau groupe : le Dieu des voyages Yen-no-Guio Dja et deux diablotins, ses serviteurs, accroupis à son côté. Signé : Kô-oun.

105 — Beau groupe : le Philosophe à la grenouille Gama-sen-nin et le Philosophe à la béquille Té-kaï, derrière une corbeille de fruits. Signé : Sho-moï.

106 — Groupe de pêcheur revenant de la pêche et d'un enfant accourant pour voir ce qu'il rapporte. Travail très délicat. Signé : Fait par Kawa-moto-shou-rakou.

107 — Belle figurine : la Déesse Ben-Ten debout sur la tête d'un dragon dont le corps se dresse derrière elle. Signée : Élève de Guiokou-Zan.

108 — Groupe d'un saltimbanque qui évoque l'apparition de la déesse Ben-Ten et d'un autre personnage regardant avec épouvante. Hotaï sur un coussin les regarde. Signé : I-kô-saï.

109 — Groupe : une femme agenouillée coiffe un enfant portant une cage avec un oiseau, un autre enfant joue à ses côtés. Signé : Seï-Sô. Pièce très fine.

110 — Sabre en ivoire sculpté, décor à poissons. Exécution très fine.

111 — Sabre, décor à Enfants jouant. Sculpture très fine.

112 — Deux boites ovales en ivoire sculpté, décor à Bonzes dans une forêt de bambous.

113 — Boite, forme panier, rempli de kaki, porté par un singe ; un autre, plus petit, l'aide à le mettre sur ses épaules.

114 — Groupe : Paysan debout portant une houe et paysanne accroupie avec branche de fruits. Signé : Rakau-Uin.

115 — Groupe : le Montreur de singe. Signé : Massa-mitchi.

116 — Groupe : Saltimbanque, ayant deux dra-

peaux au dos, montre un personnage minuscule. A ses pieds, deux autres petits personnages avec inscriptions sur la figure : le Bien et le Mal.

117 — Groupe : Homme agenouillé nettoyant les sabots d'un cheval. Signé : I sei-saï Nao-Massa.

118 — Groupe : Daï-ko-kou sur un sac de riz s'apprête à frapper avec un maillet un rat se trouvant dans le sac.

119 — Figurine : personnage jouant de la flûte.

120 — Cabinet à deux portes et trois tiroirs avec incrustations d'écaille, nacre, ivoire, etc. Décor à fleurs, oiseaux et insectes. Garnitures en argent.

121 — Figurine : Kuan-on, dieu de la guerre des Chinois. Sur socle en bois ajouré. Signé : Tomo-tchiku.

122 — Groupe : Deux buveurs de saké. Signé : Couteau de l'élève Guiokou-Zan.

123 — Statuette représentant Shun-Guan, personnage politique déporté dans une île et vivant de la pêche. Signé : Ri-itson.

124 — Groupe : le corsaire Shao-ki tuant un diablotin.

125 — Groupe représentant deux personnages légendaires et un singe s'enfuyant devant eux. Sur socle en bois.

126 — Groupe : Chasseur assis sur un tronc d'arbre, bourrant sa pipe. A ses côtés, son chien et son fusil. Signé : Shighé-Yasson.

127 — Figurine : le Prince Soussano-no-Mikoko tuant le dragon.

128 — Groupe d'un homme et d'une femme représentant O-hitchi et Kikchi-sa, emprunté à un roman japonais.

129 — Groupe sur terrasse : Homme et deux enfants jouant.

130 — Groupe sur terrasse : Vieillard voyageur et deux enfants.

131 — Figurine : Diablotin sur rocher portant une petite pagode.

132 — Groupe : quatre singes grimpant sur un tronc d'arbre et un serpent qui s'enroule autour de l'un d'eux.

133 — Groupe sur terrasse : l'Homme aux longues jambes et l'Homme aux longs bras, et deux petits personnages dont un Européen.

134 — Groupe de cinq enfants faisant la toilette à Dju-rô-Djin, le dieu de la longévité

135 — Groupe : Montreur de singes avec deux enfants.

136 — Petit groupe : Singe portant une grenouille sur son dos.

137 — Groupe : deux vases dont l'un est surmonté d'un paysage et l'autre d'un bouquet de champignons. Sur socle en bois.

138 — Statuette : la Déesse Kuan-on assise sur un rocher.

139 — Petit groupe : Pêcheur portant un aviron sur son dos, dans un panier, une pieuvre qui s'enroule autour de son cou.

140 — Groupe : deux chiens de Fô.

141 — Groupe : trois chiens de Fô. Signé : Tani.

142 — Groupe : deux personnages assis jouant de la flûte.

143 — Groupe : Paysan accroupi et paysanne debout portant l'enfant. Signé. Fait par Tô-guio-Kou.

144 — Groupe : grand personnage sur un trône roulant entouré de sept serviteurs à figures diaboliques. Socle en bois.

145 — Groupe : deux personnages liant un renard.

146 — Statuette : Femme liant un sac.

147 — Groupe : Sampan avec trois personnages, socle haut orné d'attributs. Signé : Guio-Kou-min.

148 — Figurine : Singe accroupi tenant d'une main un bouquet de fleurs et montrant de l'autre son œil. La langue est mobile.

149 — Cendrier en ivoire sculpté, forme de nénuphar, décor à crabes, tortues, mouches.

150 — Pièce très fine représentant une tête de mort. Signée : Shô-Zan.

151 — Grand masque, la langue teinte en rouge et la pupille des yeux en burgau.

152 — Douze masques dans une boîte. (Sera divisé.)

153 — Étui à pipe en ivoire sculpté représentant une divinité et à ses pieds un tigre.

154 — Boîte ayant la forme d'un marteau de mineur décoré de tous les attributs du bonheur. Aux côtés sont deux rats dont l'un est mobile dans son trou. Pièce ancienne ayant appartenu à Naka-Gana, prince d'Oka, dont elle porte le cachet.

155 — Figurine très finement sculptée représentant un ouvrier assis examinant une lame de sabre. Signé : Sei-Kô.

156 — Figurine très finement sculptée représentant un comptable assis et écrivant. Signé : Seï-Tchikoro.

157 — Petit groupe représentant une femme renversée tenant à la main une faucille et dans l'attitude de la défense auprès d'un panier de fruits d'où sort un rat quand on soulève le couvercle. Signé : Sho-Rakou.

158 — Groupe, travail très ancien représentant un guerrier à cheval. Sous la terrasse est sculpté un cachet.

159 à 165 — Six très beaux petits groupes anciens de la même époque et de la même école. — Famille voyageant composée d'un cheval et de cinq personnages. — Foukou-Rokou-Djiou, philosophe chinois, à cheval sur son cerf. — Foukou-Rokou-Djiou assis sur son cerf accroupi. — Deux servants de temple portant des balais sur l'un desquels grimpe une tortue. — Le renard à neuf queues sous sa forme primitive puis transformé en grande dame. Signé : Guio-Ko-Shou. — Paysan assis portant à la main un roseau avec poisson.

166 — Netzuké ancien représentant Hoteï entouré de quatre enfants. Pièce très fine. Signée : Sho-min.

167 — Netzuké ancien, représentant Yébis monté sur une carpe.

168 — Deux groupes : l'un représente Dai-ko-kou mettant trois enfants dans un sac. Signé. L'autre, un enfant enfermant dans un sac

Dja-ro-djin, dieu de la longévité. Signé : Itchi-you-Saï.

169 — Deux netzukés anciens : démon déroulant un Kakémono et y trouvant Sho-ki le corsaire. Très fin. — Chien de Fô la patte appuyée sur une boule.

170 — Petit groupe composé d'un paysan et d'une paysanne; le premier porte deux bâtons.

171 — Petite figurine représentant Sho-ki. Travail ancien. Signé : Yoshi-Naya.

172 — Petit guerrier assis. Travail ancien. Signé : Kaghi-toshi.

173 — Petite figurine : Montreur de singe.

174 — Dju-ro-djim jouant avec un enfant monté sur son dos. Signé : Ho-min.

175-181 — Sept netzukés ronds : la déesse Ben-Ten, jouant du koto. Signé : Ran-ko. — Un

Bonze jouant du koto. Signé : Ram-Ri. — Enfant jouant du tam-tam. Signé : Ho-rakou. — Yen-no-guio-dja, dieu des voyageurs. Signé : Ko-Saï. — Jeune fille assise dans un jardin. Signé : Ko-no-sai. — La déesse Ben Ten finement sculptée à jour. Signé : Ha-kou-Sai. — Dragon enroulé autour d'un motif central d'un des emblèmes du bonheur.

182 à 184 — Trois netzukés anciens, ronds ornés de plaques en bronze avec appliques en or et en argent finement ciselés. — Le dieu du Mal montrant du doigt un tableau représentant une femme. Signé : Ten-Mîn-ô. — Un démon armé d'une lanterne s'enfuit avec une cloche. Signé : Ritsou-Min. — Deux Gueshas traversant un ruisseau.

185 à 188 — Quatre netzukés anciens en ivoire sculpté à jour ornés d'appliques en bronze, argent et or. — Personnage assis et lisant; un enfant lui sert du thé. — Deux cailles au milieu de fleurs. — Fleurs et tronc d'arbre;

la lune apparait à travers une échancrure de nuages. — Corolle de lotus au fond de laquelle se trouve une petite tortue.

189 à 193 — Cinq netzukés : Racine de dahlia. Signé : Ko-ho-saï. — Courge portée par un petit démon. — Fleur de lotus sur laquelle se trouvent une grenouille et son petit. Signé. — Courge avec ses feuilles et une araignée. Signé. — Panier renfermant des coquillages.

194 à 202 — Neuf pièces représentant des animaux. — Bœuf couché, très jolie pièce ancienne du célèbre sculpteur Tomo-tada. Signé. — Belette sacrée avec son grelot finement sculpté. Signé : Shighe-Yassou. — Truie et son petit, pièce ancienne. Signé : Ran-teï. — Chien tenant une patte de chevreuil, pièce ancienne. Signé : You-Guen.— Lapin posant sa patte sur un champignon. Signé. — Groupe de deux rats. — Chèvre couchée. — Chien couché. — Poisson séché.

GARDES DE SABRES

203. — Garde en shibuitshi de forme carrée à coins abattus avec applications en or, argent et bronzes. Sujet : Yébis, dieu de la pêche, prenant une carpe. Au revers : rat en fer ciselé. Signé : Té-Kan ; au revers : « Que la fortune, comme l'Océan, vous soit pacifique ».

204 — Garde en shibuitshi de forme ovale. Deux personnages armés de balais regardent le soleil apparaissant dans les nuages. Au revers : cigogne au bord de l'eau et branche de sapin. Incrustations or et argent. Signé : Kui-guio-Kondo.

205-206 — Deux gardes en shibuitshi décoré de chevaux en or, argent et shakoudo. Signées : Toshi-Nassa, Yeddo, élève de Goto-Mitshou-toshi.

207 — Garde en shakoudo, décor : Yébis, dieu

de la pêche, assis au bord de la mer. Signé: Nao-toshi.

208-209 — Deux gardes rondes en fer ajouré: la première représente deux personnages contemplant la déesse Ben-Ten sur une cigogne, et l'autre deux personnages s'apprêtant à combattre un dragon. Incrustations d'or. Œuvres du célèbre ciseleur Sô-Ten.

210 — Garde en fer: personnage et dragon; au revers: un tronc d'arbre. Quelques incrustations d'or et d'argent.

211 — Garde en shakoudo: un personnage assis au bord d'un torrent présente en l'air un fruit. Incrustations or et argent.

212 — Garde en fer: une habitation au bord de la mer sous laquelle se trouve un personnage.

213 — Garde en fer, appliques bronzes avec

incrustations d'or et d'argent, représentant Shoki s'apprêtant à décapiter un démon.

214 — Garde en shakoudo de forme quadrilobée, ornée au bord de quatre dragons et au milieu d'arabesques en or.

215 — Garde en shakoudo avec médaillons en or décorés de personnages et d'inscriptions.

216 — Garde en shakoudo orné de nombreux chrysanthèmes dont un grand nombre sont dorés.

217 — Garde en shakoudo ajouré, décor à arabesques et appliques de feuilles et fleurs de mauves dorées.

218 — Garde en shakoudo, fond chagriné, décor : trois branches de pivoine en or.

219 — Garde en shakoudo, décor : sanglier courant. Au revers : un brin de seigle. Signé : Naka-Sima-Sada-Taka.

220 — Garde en shibuitshi ornée d'une langouste et feuilles de fougère en or et shakoudo. Signé : Iwa-Moto-Kon-gan.

221 — Garde en shakoudo incrusté d'or et d'argent, décoré de dessins géométriques et d'armoiries impériales.

222 — Garde en fer de forme quadrilobée avec incrustations or, argent et cuivre. Décor à feuillages.

223 — Garde en fer, de forme quadrilobée, ajouré; décor : tigre et dragon. Pièce très finement ciselée. Signé : Oka-moto-sho-mo.

224 — Garde en fer avec dragon doré passant à travers la plaque.

225 — Garde en fer : oie sauvage volant sur la mer.

226 — Garde en fer avec personnage en bronze argenté et doré. Revers : paysage. Signé : Ou-shoi-dô Mâssa-tchika.

227 — Garde ronde en fer ajouré, représentant un cheval courbé en rond pour suivre la forme de la garde.

228 — Garde en fer ajouré, représentant un pont et des roues à eau.

229 — Petite garde ovale, décorée de deux cigognes dorées et argentées. Œuvre du célèbre ciseleur Sô-Ten.

230 — Garde en bronze : personnage dans une grotte combattant un dragon dans les flots.

231 — Garde ovale à quatre renflements en bronze jaune : personnage et tigre.

232 — Garde octogonale en bronze jaune, incrustations en or, argent et cuivre rouge. Signé : Yassou-nori.

233 — Garde en cuivre rouge, décor imitant le bois, applique araignée et toile. Signé : Massa-Naga.

234 — Garde quadrilobée, encadrement doré. Décor de pivoines et appliques en or, argent et bronze.

235 — Garde quadrilobée, fond chagriné, décor : corbeille remplie de chrysanthèmes dorées et argentées.

236 — Garde quadrilobée en bronze jaune, avec une légère applique sur un bord.

MANCHES DE COUTEAUX

ET

ORNEMENTS DE SABRE

237 — Très belle pièce du célèbre artiste Sei-dzoui, en bronze shibuitshi rehaussé, décor en relief, représentant : Sho-ki. Signé : Sei-dzoui, âgé de soixante-cinq ans.

238 — Manche en shibuitshi avec incrustations en argent et or. Le décor représente deux

personnages ; l'un d'eux débouche une gourde, et la liqueur qui en jaillit se transforme en un cheval. Signé : Kikou-tchi Djo-Ko. (Garni d'une lame en argent, par Touron.)

239 — Manche en shibuitshi avec incrustations en or, argent et shakoudo. Décor en relief représentant deux personnages : un guerrier et un autre à tête de dragon. Au revers est gravé un personnage à tête de dragon.

240 — Manche en shibuitshi avec incrustations en or, argent et bronze. Le décor en relief représente un pêcheur avec un pélican.

241 à 243 — Trois manches en shakoudo, à cadre et revers doré, avec incrustations ou appliques en or et en argent, représentant : un sampan avec deux personnages, l'un, pêchant ; trente-deux petits personnages accomplissant une cérémonie religieuse ; le

portique d'un temple orné de fleurs à l'occasion d'une fête religieuse.

244-245 — Deux manches de couteau en bronze jaune, décor : un très beau masque. Signé : Hama-No-Tchokou-Souï, élève de Seidzoui. — Deux fragments de poisson dans des branches de houx. Au revers argenté sont gravés deux diablotins se poursuivant. Signé : Bo-dzou-Ken.

246-247 — Deux manches en bronze, shakoudo et shibuitshi avec rehauts d'or représentant : l'un un poisson séché avec rat et grenouille ; l'autre un groupe de poissons enfilés sur une branche de bambou.

248-249 — Deux manches en shakoudo, fond chagriné ; l'un, incrusté d'or et d'argent, est décoré d'une épuisette dans une branche de sapin ; l'autre d'une applique dorée représentant un dragon.

250 à 252 — Trois manches, l'un en shakoudo

avec appliques en argent et or ; décor, oie sauvage. Signé : Fait par Tchi-Kô. — Le second en shibuitshi avec branche en shakoudo or et argent : fleur de prunier; le troisième en shakoudo avec deux petites fleurs en applique or et argent. Signé : Djou-Kou.

253 à 258 — Six manches en bronze avec incrustations d'or et d'argent ; décor : Hoteï ; tigre ; branche de prunier fleuri ; deux petits paysages dans des médaillons formes rognon et éventail, une houe et une bulbe fleurie ; branche de pivoine et mouche.

259 à 261 — Trois manches en bronze jaune, écran et mouches en relief; guerrier gravé. Signé : Moto-Shigé ; feuilles de mauve et de capillaires gravées.

262 à 264 — Trois manches en bronze : courge avec feuilles et insectes en relief; bambou en relief; pivoines gravées.

265 à 267 — Trois manches à fond chagriné :

animaux en relief; arbre avec oiseaux ; coq et poule perchés sur un tam-tam.

268 à 269 — Deux manches en bronze doré : faucon sur un perchoir; dragon dans les flots.

270-271 — Deux manches en bronze : kangourou. Signé : Koré-Tsouné. — Éléphant.

272-273 — Deux bouts de sabre, argent; décor : chrysanthèmes en shakoudo ; décor : lis tigré et feuillages. Incrustations or et argent.

274 — Coulant et bout de sabre en shakoudo chagriné avec incrustations or et argent ; décor : plantes fleuries. Signé : Go-to Ko-Tcho.

275-276 — Deux coulants de sabre en shibuitshi avec incrustations or ; décor : casque, etc. Signé : Han-Kei-Shi Mai-bokou. — Coulant en shakoudo finement niellé d'or ; dessin géométrique.

277 — Coulant et bout de sabre en shakoudo chagriné avec incrustations d'or et d'argent; décor : oiseau dans une branche de pommier fleurie. Signé : Harou-aki Ho-guen.

278 — Coulant et bout de sabre en shibuitshi avec appliques en or, argent et shakoudo; décor : pivoines.

279 — Coulant et bout de sabre en shakoudo chagriné avec appliques or et argent; décor : éventails.

BRONZES DU JAPON ET DE LA CHINE

280 — Petite pagode carrée en cuivre doré et gravé, faite de pièces séparées, assemblées et emboîtées, imitant exactement la construction et la charpente des temples du pays. Précieux travail ancien.

281 — Deux éléphants richement harnachés, portant des vases quadrilobés, le tout orné de cabochons. Socles en bois sculpté. Travail ancien.

282 — Brûle-parfums en bronze jaune, garni de cabochons, forme calice, trois pieds têtes d'éléphants, couvercle ajouré avec un éléphant assis.

283 — Vase long imitant un tronc d'arbre, chargé de bambous avec feuillages et d'escargots grimpants, appliques or et argent. Signé : Yama-Kawa-Ko-dji. Sujet de l'Empire du Japon, département d'Ischa-Kana. Fabrication de la compagnie Do-kikaï-sha.

284 — Modèle de canon en bronze, sur chariot en fer et roues en bronze. Le tout incrusté d'ornements en argent avec rehauts d'or. Le motif principal est sur le canon même et représente un dragon. Très belle pièce ancienne.

285 — Brûle-parfums ; boule surbaissée sur trois pieds. Décor : tigre et dragon combattant (fonte à cire perdue). Quelques incrustations en or et en bronze rouge ; sur le couvercle, aigle se dressant les ailes déployées,

en bronze argenté. Travail artistique. Signé : Kako.

286 — Brûle-parfums forme quadrilatérale arrondie, sur quatre pieds. Anses et pieds à chimères. Chien de Fô sur le couvercle. Bronze shakoudo avec arabesques et médaillons à fleurs et oiseaux en applications d'or et d'argent. Pièce fine.

287 — Vase forme boule, bronze jaune à reliefs géométriques. Quatre médaillons sont décorés de Hong-faong et de fleurs. Incrustations en or, argent et bronze rouge. Comme bouton, chat assis. Travail très fin et ancien.

288 — Coq. Brûle-parfums en bronze noir. Pièce ancienne.

289 — Cornet en bronze jaune ancien de Chine, à six lobes, avec boule médiane, orné d'un dragon.

290 — Paire de vases formés d'une feuille de nénuphar supportant une grenouille à face de

diable debout sur une autre feuille de nénuphar sur laquelle est assise une grenouille plus petite.

291 — Vase. Imitation de vannerie à panse écrasée.

292 — Boîte. Brûle-parfums en bronze ancien de Chine à patine rouge, représentant une amande sur un pied ayant la forme d'une feuille.

293 — Brûle-parfums en bronze ancien de Chine, à patine jaune, sur trois pieds, forme coupe, avec anses et couvercle.

294 — Brûle-parfums en bronze ayant la forme d'une licorne.

295 — Socle carré à quatre pieds, décor d'un dragon. Curieux dessin au revers. Travail ancien.

296 — Groupe de dix sacs de riz en bronze doré avec quatre rats en shakoudo, sur socle en bois.

297 — Petite théière en bronze ancien, sur trois pieds. L'anse et le goulot sont décorés de chimères. Patine naturelle très intéressante.

MATIÈRES PRÉCIEUSES

298 — Agate orientale. Joli petit vase forme tronc d'arbre sculpté et évidé, travail ancien de Chine, sur socle en bois et ivoire sculpté à jour et incrusté d'argent.

299 — Jade vert. Petite cassolette finement évidée et gravée, sur socle en bois sculpté et ajouré, incrusté de filets d'argent. Travail ancien de Chine.

300 — Jade vert. Vase à panse aplatie, tout évidé à l'intérieur, orné de sculptures en bas-relief, avec anses ajourées prises dans la masse. Travail ancien de Chine.

301 — Cornaline orientale. Flacon aplati pour le tabac, offrant d'un côté, en bas-relief,

un vase avec plantes, un sceptre et un oiseau. Travail ancien de Chine.

302 — SARDOINE. Flacon tout évidé à l'intérieur. Travail ancien de Chine.

303 — JADE BLANC. Petit brûle-parfums de suspension, sculpté à jour. Travail ancien de Chine.

304 — JADE BLANC. Plaque porte-bonheur, sculptée à jour et gravée. Travail ancien de Chine.

305 — SARDOINE ORIENTALE. Petit groupe : papillon et limaçon, sculpté à jour. Travail ancien du Japon.

306 — MATIÈRE TENDRE. Brûle-parfums quadrilobé, décor au dragon couronné par une chimère. Travail chinois.

307 — JADE GRIS. Deux plaques sculptées à jour, à fleurs et dragons, montées dans un écran en bois de fer sculpté. Travail chinois.

OBJETS DE VITRINE

DU JAPON ET DE LA CHINE

ARGENT, BRONZE ET AUTRES MÉTAUX

308 — Coupe à libations en argent, à deux anses droites et une troisième fermée, richement ciselée; décors à fleurs et feuillages. Les anses à dragons grimpants et têtes de dragons. Signé : Miya-O.

309 — Cage en argent sur socle shakoudo orné d'un relief. A l'intérieur, deux cailles en bronze et vase à boire.

310 — Petit sifflet en ivoire sculpté représentant un vase orné d'une plante en argent et corail d'où s'élance un dragon dans les replis duquel on trouve une pierre sacrée de Boudha. Le sifflet repose sur une terrasse en jaspe vert sur très beau pied haut en argent doré et repoussé. Pièce très rare.

311 — Théière en argent à facettes octogonales. Le corps mi-partie gravée et ciselée, mi-partie chagrinée. Anse élevée garnie d'une grecque en or. (Moderne.)

312 — Vase à deux anses en argent, à panse ronde et col droit élevé. Décor gravé : tortues ailées et nuages. Sur socle en bois.

313 — Vase brûle-parfums, forme surbaissée, décor ciselé représentant des chauves-souris légendaires et branchages. Couvercle ajouré. (Fong-Haong.) Socle en ivoire. Pièce très ancienne.

314 — Petite théière en argent, forme d'un melon, l'anse et le goulot à branches et feuillages. Travail moderne.

315 — Boîte quadrilobée en argent filigrané avec dragons en relief. Travail chinois.

316 — Petit palanquin en argent finement travaillé. (Jouet princier.)

317 — Paire d'appliques en argent doré et ciselé formant agrafes représentant des dragons repliés sur eux-mêmes.

318 — Cornet en argent ajouré, décor à chrysanthèmes.

319 — Cornet mi-partie argent mi-partie shakoudo, décor ajouré.

320 — Petit vase brûle-parfums en métal argentifère, formant tamtam sur pied. Les deux faces en shibuitshi ornées de personnages en applications de cuivre rouge shakoudo, or, etc., et sur une des faces d'un portrait de femme gravé sur une plaque d'argent. Le couvercle est surmonté d'une pomme de pin.

321 — Petite boîte à cinq lobes en bronze jaune recouvert d'une feuille d'argent. Au couvercle en haut-relief une porte de temple en argent et deux personnages à tête d'oiseau en shakoudo, sur les côtés bambous en creux.

322 — Petite cantine en cuivre rouge, cuivre doré et argent, garnie de deux petits vases à couvercles en argent et ajouré. Jouet princier.

323 — Compte-gouttes en argent sur socle en bois représentant un sampan sur de l'eau. Le toit est en bronze doré. Pièce très fine.

324 — Applique longue en argent : deux chiens de Fô au milieu de pivoines en fleurs, applications en bronze et or. Signé : I-Shin-saï-Kikou-Kawa.

325 — Sifflet en argent de forme allongée composé d'un tube aboutissant à une boule aplatie avec décor en filigrane. Très jolie pièce. Jouet princier.

326-327 — Deux charmants petits sabres en argent; lames en argent. (Jouets princiers.)

328 — Petite boîte plate à cachet en argent avec décor gravé à armoiries.

329 — Petite boîte haute en argent de forme rectangulaire à coins arrondis et rentrants, décor gravé : deux cailles sous une touffe de graminées.

330 — Serpent en argent se repliant sur lui-même et se redressant.

331 — Petit flambeau de temple à cinq lobes en argent ciselé et gravé. (Jouet princier.)

332 — Gourde en argent doré formant flacon avec fleurs et feuillages naturels.

333 — Petite gourde, flacon en argent doré et gravé avec belière et anneau.

334 — Petite tortue ailée en argent. (Netzuké.)

335 — Petit chien de Fô en argent.

336 — Boîte minuscule en argent ayant la forme de deux chrysanthèmes sur une tige.

337-338 — Deux coulants en or ajouré et ciselé.

339 — Cage à mouches en argent sur socle en cuivre argenté et gravé.

340 — Pipe en argent en trois pièces ornées de chrysanthèmes et de papillons.

341 — Pipe en argent avec appliques en or et shakoudo en deux pièces, décor feuillages, coq, poule et oiseaux. La poule apparaît à travers une déchirure de tam-tam.

342 — Encrier en argent garni d'un très beau coulant de sabre en shakoudo décoré de vagues et d'une roue à eau en or. Signé : Ei-shou.

343 — Pipe en shibuitshi avec embouchure et fourneau en argent décoré d'appliques en argent, or et shakoudo de plantes et papillons. Signé.

344 — Pipe en métal gravé décoré de dessins géométriques.

345 — Pipe en bronze, tige de lotus avec capsule de graines formant fourneau, les grains en argent et mobiles. La tige est ornée d'une feuille et d'un petit crabe.

346 — Sceptre de prêtre en shakoudo incrusté d'or, dessins géométriques ; sur la spatule, armoiries et papillons. La qualité du shakoudo est exceptionnellement belle.

347 — Écritoire forme gourde en bronze, décor à feuillages et brindilles en argent.

348 — Trousse de grande dame japonaise composée de huit pièces en argent gravé, décor à cigognes : un couteau, un porte-pinceau, une cisaille, deux pinces, deux poinçons et une mesure.

349 — Petite pagode, le corps en shibuitshi, décor fleur de lotus ciselé. A l'intérieur, Boudha, en or, debout sur un rocher en argent. Il est entouré de flammes et porte dans une main le glaive, dans l'autre la

corde. Les portes montées en argent sont décorées intérieurement des deux gardiens en appliques de bronzes, shakoudo et or, et extérieurement de fleurs de lotus et oiseaux. Au couvercle, un bout de sabre en fer incrusté d'or avec applique Boudha shakoudo et or; en dessous, plaques en shibuitshi incrusté d'argent et or. Le socle est formé par un coulant de sabre en fer incrusté d'or sur piédouche en shibuitshi incrusté d'hirondelles.

350 — Vase ovoïde à faces aplaties en fer incrusté d'or sur un fond embriqueté. Quatorze médaillons sont ornés de plantes diverses et différentes, pivoines, lis, chrysanthèmes, pêcher, pommiers, bambous, etc. Sur les faces aplaties quatre médaillons en shibuitshi encadrés d'argent avec incrustations or et argent, représentant des plantes, oiseaux et papillons. Signé: Sei-tehion.

351 — Paire de vases forme paniers allongés en fer incrusté d'or avec applications insectes en or et argent.

352 — Groupe de deux ibis sur un terrain en shibuitshi, shakoudo et argent. Socle en bois.

353 — Compte-gouttes forme théière en bronze patine jaune décoré aux armes impériales (mauves et chrysanthèmes) en laque d'or.

354 — Petit Boudha accroupi en bronze doré.

355 — Boîte longue à deux compartiments, bouts arrondis en damasquiné d'argent, shakoudo, bronze rouge, etc. Le couvercle en bronze avec appliques or, argent et bronze, représentent des coq, poules, araignées et pivoines.

356 — Petite boîte ronde sur trois pieds en bronze ayant la forme de rondelles superposées. Jolie patine.

357 — Tabatière forme gourde en bronze avec application feuillage en shibuitshi.

358 — Deux serpents en cuivre ciselé et doré.

359 — Deux appliques en bronze incrusté et d'argent, représentant un gardien du temple et une grande dame.

360 — Quatre appliques représentant des dragons en cuivre doré et argenté.

361 — Applique longue avec contre-plaque en shibuitshi, incrustations d'or et d'argent représentant un chien de Fô au milieu de pivoines. Signé : Nao-tchi-Ka.

362 — Applique longue avec contre-plaque en shibuitshi incrusté d'or et d'argent représentant un groupe de personnages.

363 — Deux appliques argentés : tigre et enfant; bouton en métal argentifère orné d'un tronc d'arbre avec fleurs.

364 — Cinq appliques, libellules, bobines, etc.

365 — Trois plaques bronze, à personnages, cigognes et oiseaux.

366 — Six groupes représentant des sujets divers en bronze argenté rehaussé d'or, servant de porte-cartes.

ÉMAUX CLOISONNÉS DE CHINE

367 — Deux grandes et belles pagodes en émail cloisonné de Chine, fond bleu turquoise, dessin polychrome, supportées par six colonnettes détachées avec dragons enroulés en bronze doré, offrant au milieu une tour cylindrique, partie ajourée avec grands dragons impériaux à cinq griffes se détachant en haut-relief en bronze doré sur fond de nuages en cloisonné. La toiture est ornée de clochettes suspendues à des têtes de dragon, couronnée par une gourde surmontée d'un ornement sacré. Ces deux pagodes posent sur des socles en bois noir sculpté et des contre-socles couverts en peluche mordorée.

CÉRAMIQUE

368 — Très beau groupe en ancienne porcelaine du Japon (Gosaburo), représentant le philosophe à la grenouille Gama-sen-nin et le philosophe à la béquille Tékaï.

369 — Groupe en ancien blanc du Japon, représentant une cigogne près d'un tronc d'arbre évidé formant porte-bouquets.

370 — Divinité représentant Hotaï assis sur son sac, en ancienne porcelaine du Japon, décor polychrome.

371 — Carnet en ancienne porcelaine de Chine, famille rose, décor à bouquets de fleurs et entrelacs et médaillons en réserve au dragon. Bordure à lambrequins jaune.

372 — Jolie petite jardinière rectangulaire avec son plateau en porcelaine de Chine, époque de Kien-long, décor à haong-fong, entrelacs et fleurs en polychrome.

373 — Écran en bois de fer sculpté à jour avec plaque en porcelaine de Chine, époque de Kien-long, décor à mandarins.

374 — Petite cage forme panier, en faïence japonaise (Ovari), avec anses forme corde nouée à glands, décor polychrome.

375 — Groupe de deux chimères en céladon, formant brûle-parfums.

376 — Cage à mouches forme rouge, en por celaine du Japon, dessin ajouré et très fin, décor du bas en bleu sur blanc.

377 — Deux bouteilles en vieux Japon, décor polychrome à chauve-souris, à quadrillés et à rinceaux de feuillages rehaussés d'or.

378 — Porte-bouquets formé de deux vases accouplés, en porcelaine de Chine, époque de Kien-long, décor à personnages et entrelacs.

379 — Boîte à thé à deux compartiments, en

ancienne porcelaine d'Imari, décor polychrome et or.

380 — Petite théière hexagonale en vieil Imari, décor polychrome et or.

381 — Six vases de formes variées, spécimens anciens de Chine, vieux blanc, bleu teinté, rouge haricot, rouge corail, rose fouetté et vert pomme.

382 — Vase en vieux Chine, forme hexagonale, décor flambé rouge et jaune sur socle en bois.

383 — Petit vase, vieux Japon, forme tronc d'arbre, décor vert et jaune.

384 — Six flacons à tabac en ancienne porcelaine de Chine, décor varié.

385 — Quatre petits bols de différentes dimensions, en porcelaine ancienne de Kaga, décor en rouge rehaussé d'or.

386 — Petit vase à quatre faces en vieux céladon, décor bleu truité.

387 — Petite boîte à thé en vieux Kaga, décor en rouge et or, médaillons à personnages et paysage.

388 — Personnage assis, en blanc du Japon.

389 — Petite tasse et soucoupe en pâte fine ancienne de Chine, décor jeux d'enfants, oiseaux et animaux. Fond à rehauts d'or.

390 — Petit brûle-parfums en vieux Kaga, décor vert, rouge et or.

391 — Diverses pièces de vitrine.

392 — Assiettes et plats, de la famille verte et de la famille rose et autres. (Sera divisé.)

ARMES

393 — Fusil arabe, canon damasquiné d'or, crosse garnie d'argent et d'ivoire.

394 — Paire de pistolets, époque Louis XVI, garnis d'argent ciselé, canons damasquinés d'or.

395 — Sabre japonais, fourreau en laque aventurinée verte, garniture et accessoires en argent ornés de fleurs et feuillages.

396 — Deux sabres japonais, fourreaux en laque à armoiries.

OBJETS D'ART EUROPÉENS

MEUBLES

397 — Très beau meuble à hauteur d'appui en bois de rose, de violette et palissandre s'ouvrant à trois portes. Celle du milieu en ressaut, décor vernis Martin représentant la Fontaine d'amour d'après Fragonard, les deux autres portes de la façade et les panneaux de côté tout en marqueterie de bois d'érable, d'amarante et de citronnier, dessin à quadrillés avec cœur d'acanthe au

milieu. Les montants du meuble forment gaines. Il est très richement orné de bronze ciselé et doré ; le bandeau dessine des entrelacs de branchages enrubannés et fleuris, les moulures et les encadrements à ors mats et brunis. Les pieds sont enveloppés de feuilles d'acanthe. Dessus en marbre fleur de pêcher suivant les contours du meuble. Style Louis XVI. Travail de *Raulin.*

398 — Très jolie vitrine à quatre faces en bois d'acajou moucheté et d'érable, garnie de bronzes ciselés et dorés, montants à motifs tors enguirlandés de laurier se terminant en torches enflammées et posant sur console feuillagée, piètement élégant à double croisillon avec sabots à pieds de biche. Style Louis XVI. Travail de *Raulin.*

399 — Petite table ovale en bois rose et satiné, garnie de bronzes ciselés et dorés, parties au mat, piètement à croisillons, orné d'un groupe de dauphins, portant une boule fleudelisée, ornée de chaque côté du bandeau de bas-reliefs, jeux d'amours. Dessus avec

balustrade en bronze doré suivant les contours de la table. Style Louis XVI. Travail de *Sormani.*

400 — Belle table de milieu forme rectangulaire à coins arrondis, élevée sur quatre pieds cannelés reliés par un motif d'entrejambes en bois d'acajou et marqueterie de bois d'érable et satiné, garni de bronzes ciselés et dorés. Style Louis XVI. Travail de *Dasson.*

401 — Jolie jardinière en bois d'acajou, garnie de bronzes finement ciselés et dorés, piètement relié par un croisillon, moulure à feuilles d'acanthe, bords perlés, anses à têtes de satyres et chutes de lauriers. Style Louis XVI. Travail de *Dasson.*

402 — Très joli service à thé composé d'une bouilloire, un pot à crème et un sucrier et six cuillères en vermeil finement ciselé, décor à guirlandes de fleurs de *Hugo*, orfèvre, deux coupes à gâteaux en cristal gravé sur

pieds en bronze ciselé et doré, style Louis XVI; deux couteaux, manches en nacre et or, époque Louis XVI; six tasses et soucoupes en porcelaine de Derby royal. Le tout accompagné d'une table-servante à étagères en bois d'acajou, monté en bronze doré de style Louis XVI.

403 — Paravent à quatre feuilles et à double face offrant d'un côté des figures allégoriques des Saisons, par *Louis Carrier-Belleuse* (signé du monogramme), peinture sur fond d'or; de l'autre côté, garni de brocart mordoré, rayé et broché à bouquets. Le haut, garni de glaces biseautées. Monture en bois d'acajou, garni de bronzes dorés. Style Louis XVI.

404 — Deux canapés à dossiers et côtés carrés en bois sculpté et doré, dessin feuilles de laurier, fronton couronné de roses et gerbes enrubannées. Bandeaux et encadrements à rais de cœur. Couverts et garnis en dauphine rayée et brochée, fond blanc argent, dessin polychrome. Style Louis XVI.

405 — Deux petits fauteuils en bois sculpté et doré, dessin à feuilles de laurier, entrelacs de rubans, pieds et montants à côtes tournantes et feuillagées, couverts en satin bleu pâle rayé blanc et broché, à bouquets de fleurs détachés. Style Louis XVI.

406 — Armoire à deux portes en bois sculpté, chaque battant offrant d'élégants motifs à rinceaux, coquilles et portails; sur l'entre-deux on lit la signature F. P. IAN HOVET, 1743.

407 — Bibliothèque en bois sculpté s'ouvrant à deux portes, à colonnes détachées, style inspiré de la Renaissance.

408 — Porte-cartons en noyer sculpté, pieds à griffes de lions, montants se terminant par des têtes de satyre. Style Louis XIV. Travail de *Quignon*.

409 — Colonne torse en noyer finement sculpté recouverte de guirlandes de lierre, surmontée d'un chapiteau. Style Renaissance.

410 — Petite table rectangulaire en noyer ciré et sculpté, piétement à colonnes torses et balustres cannelés. Style Renaissance.

411 — Coffre en bois sculpté flanqué de colonnes cannelées surmontées de chapiteaux, avec bas-relief sur le devant représentant *l'Adoration des rois mages*. XVIe siècle, partie de l'époque.

412 — Crédence en chêne sculpté offrant sur la façade des médaillons à bustes de roi et de reine dans des cartouches encadrés de cloutage. Le milieu orné d'un mascaron, les côtés à rosaces. XVIe siècle.

413 — Meuble-vitrine à deux portes en bois sculpté, encadrements à ornements, fleurs et rocailles découpés à jour, fond en glace. Intérieur gainé d'étoffe rouge. Époque Louis XV. Travail de Liège.

414 — Petit meuble s'ouvrant à deux portes formant support ou desserte en bois sculpté,

dessin à coquilles, rosaces et écussons rocailles. Époque Louis XV. Travail français.

415 — Pannetière en bois sculpté, décor à trophées de carquois et de torche, colombes et corbeille fleurie. Louis XV.

416 — Quatre chaises en bois sculpté moucharabi d'Égypte, couvertes en tapis de La Mecque.

417 — Ameublement de fumoir composé d'un canapé, deux fauteuils et deux chaises couverts en anciens bissacs d'Orient.

418 — Deux glaces avec cadres dorés. Style Louis XVI.

BRONZES D'ART ET D'AMEUBLEMENT

PORCELAINES MONTÉES

419 — Belle pendule en marbre blanc et bronze ciselé et doré avec figures de Diane et Apollon, allégories du Jour et de la Nuit,

couronnant le mouvement. De chaque côté tombent des cornes d'abondance pleines de fleurs. Au-dessous, un trophée de carquois et de lyre. Elle est ornée d'entrelacs de feuilles de lierre et de nœuds de rubans autour du socle. Élevée sur six pieds, posant sur contre-socle en marbre bleu turquin et garni de bronze doré. Cadran signé : Barancourt à Paris. Époque Louis XVI.

420 — Groupe en bronze patine claire et parties dorés : la Chèvre Amalthée. Signé : *Julien.*

421 — Gaine à trois faces en marbres polychromes garnie de bronzes dorés, culot à feuilles d'acanthe, avec rubans et chutes de laurier. Modèle de Versailles. Style Louis XVI.

422 — Trois paires de bras d'applique à deux lumières, en bronze ciselé et doré, modèle au pampre et lierre avec draperies. Style Louis XVI. Travail de Sévenier.

423 — Statuette en marbre blanc : *le Loup-garou*, de Bernard. (Signé.) Sur socle en

marbre onyx garni de bronze doré, style Louis XVI, de Sévenier.

424 — Lustre à six branches en bronze ciselé et doré, modèle Louis XVI, à rinceaux feuillagés et surmontés de figures d'enfants jouant de la trompette autour d'une torche enflammée. Travail de Raulin.

425 — Vase en porcelaine de Chine céladon bleu turquoise craquelé fin, monture en bronze doré à rocailles de Sévenier. Style Louis XV.

426 — Très joli support en bois d'acajou finement sculpté et doré. Style Louis XVI.

427 — Petit buste de Voltaire en bronze patine claire, sur fût de colonne en porphyre oriental, monté en bronze doré. Époque Louis XVI.

428 — Paire de belles lampes, formées de gourdes en ancienne porcelaine de Chine de la famille verte; décor à lambrequins,

fleurs, cachets et papillons; montures en bronze doré, style Louis XIV, de Sévenier.

429 — Paire de lampes, forme bouteilles, en porcelaine de Chine, décor brun flambé. Monture bronze de *Gagneau*.

430 — Coq en bronze ciselé et doré, époque Louis XVI. Sur socle en porphyre oriental.

431 — Petit brûle-parfums en bronze ciselé et doré, orné de têtes de béliers, style Louis XVI, de Sévenier; ciselure de Peureux.

432 — Vase en porcelaine du Japon, décor bleu sur blanc, monté en bronze ciselé et doré; couvercle repercé à jour.

433 — Deux petites jardinières carrées, en bronze doré, décor à guirlandes de laurier. Style Louis XVI. Travail de Sévenier.

434 — Presse-papiers en porphyre oriental avec limaçon en bronze doré et œil de tigre, de Warangoz.

435 — Paire de vases en faïence bleu tur-

quoise, décor gravure sous couverte, monture en bronze fumé et dans le goût chinois.

436 — Éléphant en bronze patine claire de Barye. Édition de Barbedienne.

437 — Horloge horizontale et hexagonale en cuivre gravé, cadran argent signé Kriedel. XVIe siècle. Mouvement à répétition et à réveil.

438 — Jardinière-surtout de table en bronze ciselé ajouré et argenté, décor rocailles et guirlandes. Style Louis XVI. Travail de Thouret.

439 — Groupe en bronze représentant une allégorie d'un fleuve et de trois enfants.

PORCELAINES ET FAIENCES

NON MONTÉES

440 — Deux petits vases avec couvercles, en vieux Chantilly, décor à rocailles, en

camaïeu violet; montures en bronze doré. Style Louis XV.

441 — Deux beaux brûle-parfums, forme autels, en biscuit de Sèvres, premier Empire, décor à rehauts d'or, pieds en bronze doré. (Provenant de la vente du château des Tuileries.)

442 — Tasse et soucoupe en vieux Saxe, décor à bouquets de fleurs.

443 — Chocolatière en vieux Saxe, décor à fleurs et herbages en bleu, couvercle avec poignée en bronze doré.

444 — Théière et chocolatière en vieux Berlin, décor à rocailles, groupes d'amours et ornements en rose et or.

445 — Vase en vieux Saxe, forme ovoïde, sur pied carré, décor à guirlandes et bouquets, couvercle ajouré surmonté d'un sphinx.

446 — Théière en vieux Saxe, décor à bouquets détachés.

447 — Groupe allégorique de l'Afrique, de Ph. Hanong.

448 — Deux figurines de Saxe et Cronenburg : Violoneux et Paysanne.

449 — Deux figurines en vieux Saxe : Jardinier et Marchande de raisin.

450 — Deux figurines en vieux Saxe : Jardinier arrosant des fleurs et Marchande de fleurs.

451 — Potiche de Delft, décor à sujets chinois en bleu sur blanc.

452 — Deux cornets de Delft, décor bleu sur blanc.

453 — Vase avec couvercle forme Médicis, en ancienne faïence de Castelli, offrant au pourtour des sujets mythologiques ; pied à guirlandes de fleurs.

454 — Coupe en ancienne faïence d'Urbino, décor représentant la Pêche miraculeuse.

455 — Petite assiette en ancienne faïence de Castelli, décor à paysage.

456 — Petite assiette en ancienne faïence de Castelli ; décor à figure d'amour.

457 — Paire de potiches en ancienne faïence de Delft, forme côtelée et à pans, avec couvercles ; décor bleu sur blanc.

458 — Vase avec couvercle forme balustre renversé et côtelé, en ancienne faïence de Delft ; décor bleu sur blanc.

459 — Deux jolies assiettes de Furstenberg ; décor à rocailles à jour et paysages en camaïeu.

460 — Deux grandes assiettes de Saxe fond gaufré, médaillons à sujets Lancret et rehaussées d'or.

461 — Deux assiettes en vieux Sèvres, décor à bouquets de fleurs détachés.

462 — Compotier en vieux Saxe, décor à fleurs.

463 — Coupe en faïence de Ginori, décor raphaélesque.

ORFÈVRERIE

464 — Bel huilier en argent ciselé et découpé à jour, décor à rocailles, époque Louis XV, avec ses burettes en verre et bouchons en argent.

TABLEAUX

AQUARELLES, DESSINS, GRAVURES

BERTAL

465 — *Le Policeman.*

Dessin.
Signé.

EARLOM

(R.)

466 — *Le Forgeron.*

Sujet tiré du *Roi Jean*, de Shakespeare.
Gravure avant toute lettre.

467 — *Présent de chasse.*

Gravure.
Épreuve d'artiste.

LANJALLEY

(D'après LOUIS ROSSI)

468 — *Le Soulier de bal.*

Aquarelle.

LEFEBVRE

469 — *Les Enfants de France sous les traits de Mars et Minerve*

Jolie miniature.

LUMINAIS

470 — *Guerrier gaulois à cheval.*

Aquarelle.
Signée à droite.

DE PENNE

471 — *Chiens de chasse au repos.*

VIGÉE-LE BRUN

(MADAME)

472 — *La Tendre Mère.*

Gravure.

SCHLICK

(BENJAMIN)

473 — *Intérieur de l'église Cormini, à Naples.*

Aquarelle.
Signée.

474 — *Portail d'une église de Toscane.*

Aquarelle.
Signée.

ECOLE ANGLAISE

475 — *Jeune Femme et Enfant tenant une guirlande de fleurs.*

Gravure en couleur.

ÉCOLE ANGLAISE

476 — *Une Visite au grand-papa.*

477 — *Une Visite à la grand'maman.*

Gravure.
Pendant de la précédente.

ÉCOLE FRANÇAISE

478 — *Frédéric le Grand au milieu de son état-major.*

Aquarelle.

479 — Objets omis.

www.ingramcontent.com/pod-product-compliance
Ingram Content Group UK Ltd.
Pitfield, Milton Keynes, MK11 3LW, UK
UKHW031930260826
14628UKWH00004B/1519

9 782329 537696